AF338824

# VIVENT LES JUIFS !

## LE
## TRIOMPHE TERRESTRE
### DE L'ÉGLISE

### ET

## LES DERNIERS ÉVÉNEMENTS

**Par l'Abbé L. M.**

Chapelain de Notre-Dame des Victoires

PRIX : 15 CENTIMES

PARIS

MAISON PERCEPIED

PLACE DES PETITS-PÈRES

1891

# VIVENT LES JUIFS!

## LE TRIOMPHE TERRESTRE

### DE L'ÉGLISE CATHOLIQUE

#### ET

## LES DERNIERS ÉVÉNEMENTS

### CHAPITRE PREMIER

#### INCERTITUDE DE L'ÉPOQUE DES DERNIERS ÉVÉNEMENTS

CHOSE étrange ! l'Évangile avait à peine fait son apparition que les fidèles s'inquiétaient déjà, et redoutaient la fin du monde comme prochaine. L'apôtre saint Paul éprouvait le besoin de les rassurer :

« Nous vous conjurons, mes frères, par l'avènement de Notre Seigneur Jésus-Christ et par votre réunion avec lui, de ne point vous laisser si vite ébranler dans vos sentiments, ni effrayer, soit par quelque esprit, soit par des discours, soit par des lettres supposées venir de nous, comme si le jour du Seigneur était proche.

« Que personne ne vous séduise en aucune manière; car il ne viendra pas qu'auparavant ne soit venue l'apostasie, et que n'ait paru l'homme de péché, le fils de la perdition, qui se pose en ennemi, et s'élève au-dessus de tout ce qui est appelé Dieu, de ce qui est adoré, jusqu'à s'asseoir dans le temple de Dieu, se faisant passer lui-même pour Dieu... Cet impie que le Seigneur Jésus tuera par le souffle de sa bouche, et qu'il détruira par l'éclat de son avènement, il viendra par l'opération de Satan, au milieu de toute sorte de miracles, de signes et de prodiges menteurs, et avec toute séduction d'iniquité pour ceux qui périssent, parce qu'ils n'ont pas reçu l'amour de la vérité, afin d'être sauvés. C'est pourquoi Dieu leur enverra une opération d'erreur, de manière qu'ils croiront au mensonge. » (2me *aux Thessal.*, ch. II.)

Ainsi, le signe *caractéristique* de la fin des temps, c'est l'apparition de l'Antechrist. Les autres signes : guerres, pestes, famines, persécutions locales, etc., sont purement négatifs, c'est-à-dire nécessaires, mais insuffisants, difficiles à apprécier, parce qu'ils sont communs à toutes les époques, et ne se distingueront, à la fin du monde, que par leur étendue et leur intensité.

Ce sont ces derniers signes qui ont servi de base aux idées de certains Pères sur l'imminence du jour du jugement et les ont induits en erreur.

Saint Grégoire, Pape, dit, dans sa première homélie sur les Evangiles : « Nous voyons de notre temps les nations se précipiter les unes sur les autres avec plus de fureur qu'à aucune époque de l'histoire. Les tremblements de terre, dans les contrées lointaines, ensevelissent des villes innombrables ; nous souffrons des pestes sans interruption. Quant aux signes dans le soleil, la lune et les étoiles, nous ne les apercevons pas encore ; cependant les modifications météorologiques nous font supposer qu'ils ne tarderont pas à se montrer.

Saint Ambroise se figure assister aux scènes de la dernière catastrophe.

Saint Hilaire prend la persécution des Ariens pour l'épreuve finale.

Saint Cyprien s'écrie : Vous devez savoir que le

jour de la tribulation commence à briller sur nos têtes : le monde va finir ; les temps de l'Antechrist sont proches, tenons-nous prêts au combat.

Aujourd'hui nous aurions aussi quelque droit de croire aux approches de la fin. L'apostasie des nations a commencé. Le militarisme envahit tout ; ce n'est assurément pas un signe de prospérité que ces millions de soldats armés jusqu'aux dents, que ces nations, imprégnées de dix-neuf siècles de christianisme, prêtes à s'élancer les unes contre les autres. Cependant, l'exemple des Pères, qui se sont si souvent trompés à ce sujet, doit nous rendre circonspects. Pour nous prononcer, attendons le signe caractéristique : l'apparition de l'Antechrist.

# CHAPITRE II

## LA GRANDE LUTTE

IL est certain que l'Antechrist sera un homme véritable, car saint Paul l'appelle « homme de péché ».

Il est probable qu'il sera de race juive, puisqu'il se donnera comme le Messie promis.

Il surpassera, dit saint Cyrille de Jérusalem, la malice de tous les méchants, de tous les impies qui l'ont précédé. Il s'adonnera à la débauche [1]. Son orgueil sera sans bornes ; il se fera dresser dans le temple un trône, d'où il se fera voir comme étant Dieu lui-même. Ajoutez à une habileté consommée, un génie naturel vaste et puissant, une éloquence irrésistible [2], un savoir universel [3], et vous n'aurez encore qu'une faible idée des ressources qu'il trouvera sous sa main pour arriver à ses fins.

Il emploiera tous les moyens qui agissent naturellement sur les hommes, fourberie, largesses, violence et miracles.

Le principal prodige de l'Antechrist sera une guérison éclatante [4], que plusieurs commentateurs ont traitée, à tort, de résurrection.

L'Antechrist aura un apôtre, un vicaire... [5].

Celui-ci lui sera entièrement dévoué, le fera adorer, opérera de grands prodiges jusqu'à faire descendre le feu du ciel sur la terre ; il dressera des statues nom-

1. DANIEL, ch. II, v. 37.
2. *Apoc.*, ch XIII.
3. ANSELM. *in Elucid.*
4. *Apoc.*, ch. XIII, v. 3.
5. *Apoc.*, ch. XIII, v. 11.

breuses à l'Antechrist. Ces statues seront animées et *parleront*. Il imposera à tous les hommes l'obligation de porter à leur front ou à leur bras le signe de la Bête.

Quiconque se soustraira à cette formalité ne pourra rien acheter, ni vendre, pas même un morceau de pain [1].

L'Antechrist aura puissance sur toute tribu, sur tout peuple, sur toute langue, et toute nation [2], et sera adoré par tous les habitants de la terre, les élus exceptés.

Pour combattre l'Antechrist, Dieu enverra ses deux prophètes Enoch et Elie, auxquels il associera d'autres prédicateurs de la vraie foi [3], ayant le pouvoir de faire des miracles terribles [4].

La Sainte-Ecriture nous apprend qu'Enoch et Elie ne sont pas morts. En effet, nous lisons dans la Genèse (ch. v, v. 22) : « Enoch marcha avec Dieu, et disparut ; le Seigneur l'avait enlevé. »

Et dans l'*Eccl.*, ch., xv, v. 5 :

« Enoch plut à Dieu, et fut transporté dans le paradis. »

« Enoch, ajoute saint Paul, a été enlevé pour qu'il ne goutât pas la mort. » (*Hebr.*, xi, 5.)

En ce qui concerne Elie, l'Ecriture est encore plus claire :

« Elie et Elisée marchaient ensemble auprès du Jourdain, quand un char, attelé de chevaux de flammes, les sépara : Elie monta au ciel au milieu d'un tourbillon [5]. »

L'Apocalypse ne les nomme pas, les désignant seulement comme « les deux témoins, les deux oliviers, les deux chandeliers. » (Ch. xi, v. 3.)

1. Ch. xiii, v. 12-17.
2. *Ibid.* v. 7.
3. *Apoc.*, ch. xv, v.
4. Ch. xvi.
5. IX *Rois*, ii, 11.

Comment donc sommes-nous assurés qu'il s'agit d'eux ?

C'est que leur retour est clairement annoncé pour la fin des temps par la sainte Bible.

Le texte le plus remarquable est celui-ci, sorti de la bouche même du Sauveur :

« *Elie doit venir, c'est lui qui rétablira toutes choses.* » (MATTH., XVII, 11.)

« Elie, (dit encore l'*Eccles.*, ch. XLVIII, v. 10); a été prédestiné pour rétablir les tribus de Jacob [1]. »

« Enoch reviendra prêcher la pénitence aux nations. » (*Ibid.*, ch. XLIV, v. 16.)

Il résulte de ces textes qu'Elie aura pour mission spéciale la conversion des Juifs, tandis qu'Enoch prêchera les nations, c'est-à-dire la Chine, l'Afrique centrale, les Mahométans jusqu'à présent aussi obstinés que les Juifs dans l'incrédulité.

L'Antechrist abolira le sacrifice perpétuel de la Messe (DANIEL, II). L'Apocalypse, d'accord avec Daniel, fixe la durée de la grande persécution à trois ans et demi.

« Je donnerai à mes deux témoins de prophétiser pendant 1,260 jours, revêtus de sacs. Ce sont les deux oliviers, les deux chandeliers dressés devant le Seigneur de la terre.

« Et si quelqu'un veut leur nuire, il sortira de leur bouche un feu qui dévorera leurs ennemis, et si quelqu'un veut les offenser, c'est ainsi qu'il doit être tué [2]. Ils ont le pouvoir de fermer le ciel pour qu'il ne pleuve point de tous les jours de leur prophétie ; ils ont pouvoir sur les eaux pour les changer en sang et pour

---

1. Voyez aussi *Mach.* IV, 5.

2. Elie a fait plusieurs fois ce miracle pendant son premier séjour sur la terre. Les miracles des deux témoins seront donc bien différents des miracles si doux du Sauveur.

frapper la terre de toutes sortes de plaies, toutes les fois qu'ils voudront.

« Et quand ils auront achevé leur témoignage, la Bête [1] qui monte de l'abîme leur fera la guerre, (et chose étonnante) les *vaincra et les tuera* !

« Et leurs corps seront gisants sur la place de la grande cité… où leur Seigneur lui-même *a été crucifié* [2].

« Et des hommes de toutes les nations, de tous les peuples, de toutes les langues et de toutes les nations verront leurs corps étendus trois jours et demi, et ils ne permettront pas qu'ils soient mis dans un tombeau.

« Les habitants de la terre se réjouiront à ce sujet ; ils feront des fêtes, et s'enverront des présents les uns aux autres, parce que ces deux prophètes tourmentaient les habitants de la terre. Mais après trois jours et demi, un esprit de vie venant de Dieu entra en eux.

« Et ils se relevèrent sur leurs pieds, et une grande crainte saisit ceux qui les virent.

« Alors ils entendirent une voix forte du ciel qui leur dit : Montez ici. *Et ils montèrent au ciel sur une nuée*, et leurs ennemis les virent.

« A cette même heure, il se fit un grand tremblement de terre ; la dixième partie de la ville (de Jérusalem) tomba, et sept mille hommes périrent dans le tremblement de terre ; les autres furent pris de frayeur, *et rendirent gloire au Dieu du Ciel* [3].

---

1. L'Antechrist est ici désigné par le nom qui lui convient le mieux : la Bête. Quant au démon, saint Jean l'appelle le Dragon.

2. Il s'agit donc de Jérusalem, pompeusement rebâtie par les Juifs et repeuplée, comme le prouve le verset suivant. Aujourd'hui, il y a déjà 13,000 Juifs à Jérusalem.

3. Tout ce texte est tiré du XIe chapitre de l'Apocalypse, livre obscur et difficile à pénétrer ; cependant certaines parties en sont claires, notamment le chapitre que nous venons de reproduire. S'il nous était permis de hasarder timidement une

Dans ces luttes formidables, les villes des nations tomberont [1] (sans doute Paris, Londres, Berlin, etc.) La grande Babylone sera livrée aux flammes. L'Apocalypse consacre trois chapitres à la chute de Babylone [2]. Quelle est cette ville ?

C'est la *capitale* que choisira l'Antechrist, comme il résulte clairement du chap. XVII, v. 3, 7, 8, 18, puisqu'elle est assise sur la Bête (nom que saint Jean donne partout à l'Antechrist), puisque c'est de là qu'il dominera les rois de la terre.

Les anciens commentateurs ont cru reconnaître la ville de Rome aux signes indiqués, surtout parce qu'elle est assise sur sept collines (ch., XVII, v. 9) et qu'elle est ivre du sang des martyrs (*ibid*, v. 6).

D'autres, avec moins de vraisemblance, l'ont confondue avec Jérusalem, laquelle ne doit pas être détruite, mais au contraire rebâtie et servir de demeure aux Juifs convertis.

D'après l'opinion la plus probable, il s'agit de Constantinople [3]. Cette ville, bâtie sur sept collines comme Rome elle-même, est la ville de l'avenir, la ville mondaine, la ville des plaisirs et du luxe de l'Orient. La description que fait saint Jean de la grande

opinion, nous dirions : Les chapitres II et III se rapportent aux Églises d'Asie au temps de saint Jean, *aux choses qui sont*, ch. I, v. 19. Les chapitres V, VI, VII, VIII, IX et X sont consacrés aux signes précurseurs : guerres, famines, tremblements de terre, etc., sous des formes allégoriques. Le chapitre XI raconte la grande lutte contre l'Antechrist. Les chap. XII et suivants jusqu'au XIX° ne sont que des répétitions de cette grande lutte, avec des détails. Le chapitre XX marque la victoire terrestre de l'Église pendant 1,000 ans ; la rechute v. 7 ; la résurrection générale verset 12. Enfin les chap. XXI et XXII sont la description du ciel où vont se rendre les élus, précieux encouragement pour les combattants de toutes les époques.

1. Chap. XVI, v. 19.

2. Chap. XVII, XVIII et XIX.

3. *L'Avenir*, par M. l'abbé Bigou, p. 68. (Œuvre de Saint-Paul).

Babylone ne peut, en plusieurs points, convenir qu'à Constantinople. Les destinées de Rome, en tant que cité profane et commerçante, semblent terminées ; cependant il est écrit que les marchands de la terre pleureront et gémiront sur elle, parce que personne n'achètera plus leurs marchandises, ces marchandises d'or, d'argent, de pierreries, de perles, de fin lin, de pourpre, de soie, d'écarlate. (ch., XVIII, v. 2.)

Cette grande cité dans laquelle sont devenus riches tous ceux qui avaient des vaisseaux sur la mer ! (ch., XVIII, v. 19.)

Enfin, trait caractéristique qui ne peut convenir qu'à Constantinople, le texte parle d'achat *d'esclaves*. (ch. XVIII, v. 13.)

Cependant c'est à Jérusalem qu'Enoch et Elie seront mis à mort, fait clairement indiqué au chapitre XI.

Constantinople, la grande prostituée, sera donc réduite à la désolation ; elle sera brûlée [1], ce qui est marqué à plusieurs reprises. Avec elle périra l'empire de l'Antechrist, et l'Antechrist lui-même. Il sera pris en même temps que son apôtre, le faux prophète qui aura fait tant de prodiges en son honneur. Et pendant qu'on délibérera sur leur sort, ils seront engloutis vivants dans l'enfer (ch. XIV, v. 20). Leurs partisans seront tués, et les oiseaux du ciel rassasiés de leurs chairs (v. 21).

On comprend maintenant l'importance que saint Jean attribue à la grande Babylone, jusqu'à lui consacrer trois chapitres. C'est qu'elle sera la capitale de l'Antechrist, le foyer de la corruption universelle, la ville de Satan.

---

1. Ch. XVII, v. 16.

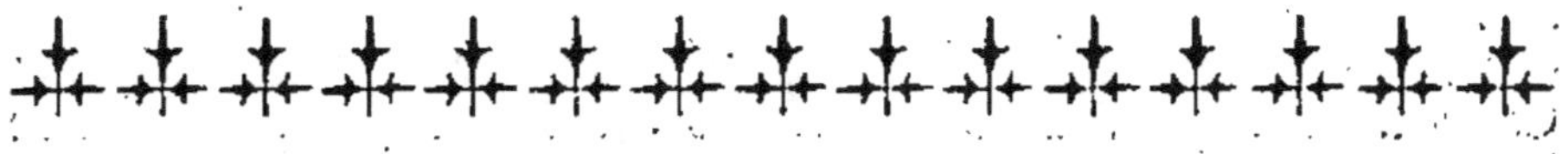

# CHAPITRE III

## LA VICTOIRE. CONVERSION DES JUIFS. GLOIRE DE L'ÉGLISE PENDANT MILLE ANS; RÉSURRECTION PREMIÈRE

APRÈS la chute de l'Antechrist, les Juifs se convertiront. Déjà nous avons vu que les habitants de Jérusalem, en grande partie Israélites, rendront gloire à Dieu. La conversion des Juifs est regardée comme une vérité de foi.

« Mes frères, s'écrie saint Paul, je ne veux pas que vous ignoriez ce mystère, …qu'une partie d'Israël est tombée dans l'aveuglement, jusqu'à ce que la plénitude des gentils soit entrée, et qu'ainsi tout Israël soit sauvé. » (*Rom.*, ch. XI, v. 25.)

La conversion des Juifs, à la suite des événements épouvantables dont nous venons de faire le récit, sera l'occasion de celle des autres nations [1]. Les païens se rendront enfin à la vraie foi. Les pays protestants et schismatiques : la Russie, l'Angleterre, l'Allemagne rentreront au bercail de l'unité catholique.

Satan ne séduira plus les nations; il y aura encore des méchants, mais la société sera chrétienne; la religion catholique sera la religion officielle de tout le genre humain.

Le texte suivant de saint Paul aux Romains (ch. XI, v. 15), si court et laconique qu'il soit, prouve abondamment cette gloire future de notre chère Église :

*« Si la perte des Juifs a été la réconciliation du monde, que sera leur rappel, sinon une résurrection ? »*

1. Ch. XIV, v. 16.

L'Eglise, après *une mort apparente*, reviendra à la vie, à la ferveur, à l'honneur. Ce sera *une résurrection*, que les millénaires ont défigurée en supposant un règne terrestre de Jésus-Christ en personne, à la tête d'un certain nombre de martyrs ressuscités.

Le seul texte sur lequel ils appuient leur étrange opinion est celui du verset 4 du XXe chapitre de l'Apocalypse. Ils n'ont pas remarqué que dans ce passage, il n'est parlé que *des âmes* des martyrs et nullement de *leurs corps*. Il ne s'agit donc là que d'une résurrection spirituelle de l'Eglise, provoquée par le sang des martyrs de l'Antechrist [1].

Quelle sera la durée de cet âge d'or ? Est-il possible de le restreindre à 45 jours, selon le calcul de M. l'abbé Huchedé, professeur au grand séminaire de Laval ? [2]. Un triomphe si éphémère serait illusoire et presque ridicule.

L'Apocalypse, au chapitre XXe, fixe *mille ans* pour la durée de cette glorieuse époque.

« Un ange enchaîne l'ancien serpent pour mille ans et le jette dans l'abîme, l'y enferme et met un sceau sur lui afin de l'empêcher de séduire les nations, jusqu'à ce que soient accomplis les mille ans ; car, après ces mille ans, il faut qu'il soit délié pour un peu de temps. » (Ch. XX, v. 2 et 3.)

On a maintefois essayé de placer ces mille ans de bonheur à d'autres époques de l'histoire. Bossuet les fait commencer à la mort de Notre-Seigneur ; Mais faut-il compter pour rien les trois siècles de persécutions qui ont fait douze millions de martyrs, et la longue période des hérésies sans cesse renaissantes qui ont déchiré le sein de l'Eglise, de Constantin à Mahomet ?

1. Nous sommes ici en désaccord complet avec M. l'abbé Bigou, p. 127 et 138.

2. *Histoire de l'Antechrist.* Paris, chez Bouquerel, rue Cassette (1866).

D'autres font commencer les mille ans après les persécutions, à l'édit de Constantin, mais pendant ce temps le cimeterre du Musulman anéantissait le christianisme en Asie et en Afrique, et ne lui laissait que les deux tiers de l'Europe.

D'autres enfin, les font partir de Charlemagne, et prétendent que le règne social de l'Eglise s'est étendu du IX<sup>e</sup> au XIX<sup>e</sup> siècle. Hélas ! ils oublient les deux schismes d'Orient et d'Occident et le protestantisme !

Reste donc une dernière hypothèse, la nôtre : Les mille ans doivent commencer à la chute de l'Antechrist, après la conversion miraculeuse des Juifs.

C'est alors que les prophéties auront leur entier accomplissement.

« Il arrivera dans les derniers jours que la montagne préparée pour la demeure du Seigneur sera établie sur le sommet des montagnes, et tous les peuples y afflueront...

« Et de leurs glaives ils forgeront des socs de charrue, et de leurs lances des faux ; une nation ne lèvera pas le glaive contre une autre nation, elles ne s'exerceront plus au combat. » (ISAÏE, chap. II.)

« Je reviendrai à Jérusalem avec des sentiments de miséricorde, et ma maison y sera bâtie, dit le Seigneur des armées...

« Mes cités regorgeront encore de biens, je consolerai encore Sion, et choisirai encore Jérusalem [1]. »

« Voici ce que dit le Seigneur des armées : On verra encore des vieillards et des femmes âgées sur les places de Jérusalem, et des hommes s'appuyant sur leur bâton, courbés sous le poids des années.

« On verra encore jouer ensemble sur les places de la cité des groupes de petits garçons et de petites filles.

« Si ma prédiction paraît difficile aux restes de ce

---

[1]. ZACHARIE, ch. I, v. 16 et 17.

peuple, est-ce qu'à mes yeux elle sera difficile ? dit le Seigneur des armées.

« Voici que moi je sauverai mon peuple de la terre de l'Orient et de la terre de l'Occident, et je les ramènerai, et ils habiteront au milieu de Jérusalem, et ils seront mon peuple, et moi je serai leur Dieu, dans la vérité et dans la justice. » (ZACHARIE, ch. VIII.)

~~~~~~~~~~

Ainsi les guerres, les famines, les épidémies, et surtout les persécutions de l'Antechrist seront le *commencement des douleurs ; ce ne sera pas encore la fin.*

Puis, après la conversion des Juifs, l'Evangile du royaume sera prêché sans obstacle dans le monde entier, en témoignage à toutes les nations ; et alors, après cette consolation, viendra la fin. (S. MATTH., ch., XXIV, v. 14) [1].

1. M. l'abbé Bigou pense que les Juifs convertis appelleront le Souverain-Pontife à régner sur eux à Jérusalem, et lui rendront ainsi tous les avantages du pouvoir temporel. — Nous lui laissons la responsabilité de cette espérance.

~~~~~~~~~~

## LE THABOR

—

LA transfiguration du Thabor paraît être une image de cette époque fortunée. Jésus-Christ, le visage brillant comme le soleil, revêtu d'habits blancs, enivre ses amis de douceurs célestes.

Moïse et Elie causent avec Lui de l'extase de Jérusalem, c'est-à-dire probablement de la conversion merveilleuse des Juifs. Moïse est là, parce qu'il est le chef des tribus Israélites ; Elie, parce qu'il doit les rétablir. Coïncidence remarquable ! c'est en descendant de la sainte montagne que Notre-Seigneur apprend aux apôtres qu'Elie rétablira toutes choses [1]. Saint Jacques est là, premier apôtre martyrisé à Jérusalem ; saint Pierre, chef de l'Eglise, demande la prolongation de cette période que la plupart des commentateurs veulent si courte.

Saint Jean y figure, en qualité de prophète qui, de loin, a entrevu le magnifique triomphe.

1. S. MATTH., ch. 17, v. 11.

# CHAPITRE IV

## LA RECHUTE DU GENRE HUMAIN

ÉLAS ! la ferveur ne se soutient pas longtemps parmi les enfants d'Adam. C'est un effort énergique, mais éphémère, qui les épuise.

Après tant de bienfaits reçus, après des signes si éclatants et si terribles de sa puissance, tout ce que le genre humain pourra faire, c'est de servir Dieu fidèlement pendant un millier d'années. Ceux qui connaissent la fragilité du cœur humain ne s'en étonneront point. Voici la triste prophétie de l'Apocalypse :

« Lorsque seront accomplis les mille ans, Satan sera relâché de sa prison, et sortira, et séduira les nations qui sont aux quatre coins du monde, Gog et Magog, et les assemblera au combat...

« Ils environnèrent le camp des saints et la cité bien-aimée (Jérusalem). Mais il descendit du ciel un feu venu de Dieu, et il les dévora, et le diable qui les séduisait fut jeté dans l'étang de feu et de souffre où l'Antechrist et son vicaire seront tourmentés jour et nuit dans les siècles des siècles. »

# CHAPITRE V

Derniers signes dans le soleil, la lune et les étoiles. Apparition de Notre-Seigneur sur les nuées du ciel. Epouvante et larmes de toutes les tribus de la terre encore vivantes. Résurrection des morts faite sous les yeux de Jésus-Christ, dont ils ont entendu la voix. Jugement général. Enfer pour les impies. Description du Ciel réservé aux bienheureux. (*Apoc.*, ch., XXI.)

VENEZ, SEIGNEUR JÉSUS

## NOTES

—

Les savants se sont demandé si, abstraction faite de l'intervention divine, le monde peut durer indéfiniment. Leur réponse est négative.

Citons M. Faye, dans son *Origine du monde,* p. 306.

« Le soleil, pour briller, dépense énormément d'énergie ; et, comme sa provision est limitée, et ne saurait se renouveler, nous devons envisager, non comme prochaine assurément, mais comme inévitable, la mort de ce soleil, en tant que soleil. Après avoir brillé d'un éclat égal pendant bien des milliers d'années encore, il finira par faiblir et s'éteindre comme une lampe dont l'huile s'est épuisée.

« Réduit désormais aux faibles radiations stellaires, notre globe sera envahi par le froid et les ténèbres de l'espace. Les mouvements continuels de l'atmosphère feront place à un calme complet. La circulation aéro-tellurique de l'eau qui vivifie tout, aura disparu ; les derniers nuages auront répandu sur la terre leurs dernières pluies ; les ruisseaux, les rivières cesseront de ramener à la mer les eaux que la radiation solaire lui enlevaient incessamment. La mer elle-même, entièrement gelée, cessera d'obéir aux mouvements des marées.

« Peut-être un développement accidentel de chaleur, dû à quelque affaissement de la croûte solaire, rendra-t-il un instant à cet astre sa splendeur première ;

mais il ne tardera pas à s'affaiblir et à s'éteindre de nouveau comme les étoiles fameuses du Cygne, du Serpentaire, et dernièrement encore de la Couronne boréale.

« Il faut donc renoncer à ces brillantes fantaisies par lesquelles on cherche à se faire illusion, à considérer l'univers comme l'immense théâtre où se développe spontanément un progrès sans fin.

« Au contraire, la vie doit disparaître ici-bas, et les œuvres matérielles les plus grandioses de l'humanité elle-même s'effaceront peu à peu sous l'action des quelques forces physiques qui lui survivront pendant un temps.

« Il n'en restera rien, pas même des ruines. »

M. de Lapparent, dans un rapport récent à la Société de géographie, fait observer que les fleuves et la mer enlèvent sans cesse des lambeaux de nos continents. Le nivellement complet, et par suite la submersion totale de l'humanité, aura lieu, au plus tard, dans 4 millions et 1/2 d'années.

Bossuet, et d'autres, ont vu dans la chute de la grande Babylone, la ruine de Rome sous les coups des Barbares. Mais ce qui rend cette interprétation improbable, c'est que clairement la grande Babylone est désignée comme la capitale de l'Antechrist, que saint Jean appelle partout et toujours « la Bête »; c'est de là qu'il doit régner sur l'univers, c'est de là qu'il doit partager la terre à ses vassaux.

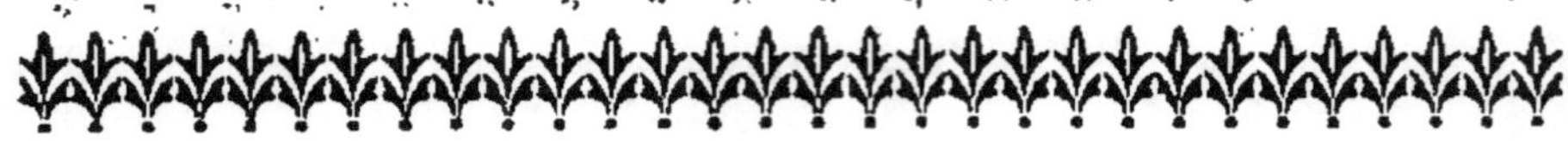

# TABLE